5736.
.D.

LE CONNOISSEUR,

COMÉDIE

EN TROIS ACTES ET EN VERS.

YF 7099

LE CONNOISSEUR,

COMÉDIE,

EN TROIS ACTES ET EN VERS.

PAR M. le Baron de St.***, Gendarme de la Garde ordinaire du Roi.

La critique est aisée, & l'art est difficile.
BOIL. *Art poët.*

Prix 24 sous.

A GENEVE,

& se trouve,

A Paris, chez D'HOURY, Imprimeur-Libraire de Mgr. le Duc d'ORLÉANS, rue de la Vieille-Boucherie;

A Rouen, chez MACHUEL, Imprimeur, rue Saint-Lô, vis-à-vis le Palais;

Et à Lille en Flandre, chez l'Imprimeur-Libraire de la Comédie.

1773.

LE CONNOISSEUR,
COMÉDIE.

ACTE PREMIER.
La Scène représente un Cabinet d'Assemblée.

SCENE PREMIERE.
AGATHE, ROSIE.

Quand on leve la toile, toutes les deux sont occupées à travailler & restent un moment en silence.

ROSIE.

De cet air sombre & noir que dois-je enfin penser?
Vous êtes aujourd'hui sérieuse à glacer,
Vous, qu'on voit tous les jours d'une gaieté badine:
Ce silence étranger m'étonne & me chagrine.

AGATHE.
Il est vrai, j'ai du noir, sans trop savoir pourquoi:

ROSIE.
Si j'osais deviner, je le dirais bien, moi.

A

AGATHE.

Vous êtes ridicule avec votre science ;
Vous vous imaginez savoir tout ce qu'on pense,
Et vous ne savez rien : possédez l'art heureux ,
Vous-même , de savoir vous connoître un peu mieux ;
Ce sera ce qu'il faut.. Grande Magicienne !
Hé bien ! d'où croyez-vous que mon humeur provienne ?
Allons, voyons un peu?

ROSIE, *avec un petit air faux.*

Je pourrais deviner :
C'est ce tas de Savans qui , je crois, à dîner...

AGATHE.

Pour la premiere fois vous jugez à merveille ;
Car il n'existe pas de disgrace pareille
A celle d'écouter tant de sots, de pédans ,
Qui distilent l'ennui sous le nom de Savans ;
Il est bien malheureux que mon oncle, à son âge,
Se laisse encor duper par gens de cet étage ;
Je les entends déjà, je les vois s'escrimer ;
De leur piece nouvelle ils vont nous assommer ;
J'en ignore l'auteur ; mais c'est la pire chose
Qu'on puisse jamais lire en vers & même en prose.
Mon oncle l'a protégé en dépit du talent,
Et l'on doit, pour lui plaire, en faire tout autant.

COMÉDIE.

ROSIE.

Il est bien vrai qu'ici vous devez vous déplaire :
Qu'en dites-vous ? je crois qu'il serait nécessaire
Que Monsieur Célicour...

AGATHE *avec humeur.*

Il tarde assez long-tems ;
Il pourrait me distraire, au moins, de nos Savans.

ROSIE.

Il est vrai, ce Monsieur assez se fait attendre ;
Tous ces provinciaux ont du fade à revendre ;
En son pays, peut-être, on suit l'air de la Cour,
Et l'on croit que l'attente inspire de l'amour :
Il me semble le voir avec un air classique,
Nous venir haranguer d'un bonjour emphatique.

AGATHE.

Quand comptez-vous finir tous ces mauvais propos ?
Croyez-vous m'avoir là débité des bons mots ?
Méchante au dernier point, voulez-vous toujours l'être,
Et décrier les gens avant de les connaître ?
Ce jeune homme est aimable, il a beaucoup d'esprit,
Et tout le monde en fait le plus charmant récit.
Sur ses lettres j'en ai le plus heureux augure :
(*avec vivacité.*)
Ajoutez à cela la plus belle figure,

Avec l'air le plus doux, le plus noble maintien...
Vous riez? Et de quoi?

ROSIE.

Moi, Madame? Oh! de rien.

AGATHE *avec impatience.*

Je vous le dis encor; tenez, fachez, Rosie,
Que je hais à la mort votre ton d'ironie :
J'apperçois d'où provient votre ricanement;
Vous vous imaginez par mon empressement
Du jeune Celicour à défendre la cause,
Que mon ame pour lui sent déjà quelque chose :
Et ne dirait-on pas qu'on ne peut aujourd'hui,
Sans pencher pour quelqu'un, parler en bien de lui?
Vous êtes singuliere : oui, l'esprit domestique
Est d'interpréter mal : il est mauvais, caustique,
Et ne cherche à sonder le fond de notre cœur,
Qu'afin de devenir aussi-tôt son censeur.

ROSIE.

Si j'ai pu vous fâcher, mon malheur est extrême.

AGATHE *avec plus d'impatience.*

Taisez vous, s'il vous plaît... Soupçonner que je
l'aime :
Me faire aimer quelqu'un que je n'ai vu jamais!
Il faut, je le vois bien, me taire désormais,
Dès qu'on peut condamner la plus simple parole..
Moi, j'aime Celicourt! . Quelle idée est plus folle!

SCENE SECONDE.

AGATHE, ROSIE, M. DE FINTAC, CLÉMENT,
(*Ils arrivent ensemble.*)

CLÉMENT.

Mon Maître est arrivé.

M. DE FINTAC.

Qu'il vienne...

CLÉMENT.

Il veut savoir
A quelle heure il aura le bonheur de vous voir?

M. DE FINTAC.

L'heure pour mes amis! l'heure est toujours pressée;
De leur retardement mon ame est offensée:
Du cérémonial j'aime peu l'embarras,
Et, quand on me déplaît, je dis, je n'y suis pas.
Allez & dites lui qu'avec impatience,
Nous attendons tous deux l'instant de sa présence..
A propos, comment va notre vieux bon ami?
Que j'aurais de plaisir à le revoir ici !

CLÉMENT.

Monsieur, pour le présent il se porte à merveille,
Je l'ai vu, Dieu merci, vider une bouteille
De bon vin de Bordeaux, bue à votre santé;
Et Monsieur, par son fils sera complimenté.
(*Il sort.*)

M. DE FINTAC.

Je le connais bien là : Tite-Live & Corneille
Sont moins prifés par lui qu'une bonne bouteille.
Il n'eft pas Connoiffeur ; mais il veut que fon fils
Au moins fache juger & dife fon avis.
Il haît les préjugés de la vaine ignorance,
Qui du ton méprifant infulte à la fcience,
Qui s'enorgueilliffant de n'avoir point d'efprit,
Voit pourtant les Savans avec rage & dépit.
Son fils eft un fujet d'une étoffe peu mince ;
Il a toujours été la fleur de fa province :
Il fait fort bien les vers ; il a, dit-on, chanté
Les belles du canton avec célébrité :
Il eft joli, bien fait, d'une belle efpérance ;
Paris va le former : je le vois qui s'avance.

SCENE TROISIEME.

M. DE FINTAC, AGATHE, CELICOUR.

Quand Celicour paraît, Agathe fe leve, quitte fon ouvrage & le regarde beaucoup.

CELICOUR.

Monsieur, dans ce pays mon début eft bien
 doux,
Quand j'ai l'honneur d'y voir un homme tel que
 vous ;

COMÉDIE.

A mon pere toujours votre amitié fut chere;
Jugez si je la brigue & si je la révère.

M. DE FINTAC.

Jeune homme, je vous fais un accueil paternel,
Je serai votre ami, mais votre ami réel :
Je veux dorénavant qu'ici vous soyez maître,
Ordonnez & chez vous imaginez-vous être;
Ma niece & moi, pour vous, nous ne pourrons jamais
Embellir ce sejour autant que je voudrais.

(*Celicour, à ces mots, regarde Agathe & en paraît charmé.*)

Je sai depuis long-tems quel est votre génie;
Du bruit de vos talens la province est remplie :
Mais le bon, vraiment bon, ne court guères les champs :
Les lettres & les arts n'y sont que jeux d'enfans :
Le goût ne peut fleurir que dans la Capitale.
Le génie est en nous *semence végétale*,
On la rend sensitive à force de travaux,
Et le bon goût après fait ses esprits vitaux.
Il faut vous figurer que vous allez renaître,
Oublier tout, enfin régénérer votre être.

CELICOUR, *en regardant tendrement Agathe.*

Que n'oublierais-je pas en ce sejour charmant!
Ah! Monsieur, si je vis, c'est de ce seul moment,

Il existe en ces lieux un charme inconcevable
Qui m'était étranger.. de l'ame inséparable..
Il développe en moi mes sens embarrassés...
Je sens trop vivement pour m'exprimer assez.

M. DE FINTAC.

C'est de l'enthousiasme : à merveille ! à miracle !
Vous irez au plus haut, oui, croyez à l'Oracle.

CELICOUR.

Je brûle d'exprimer tout ce que mon cœur sent.

M. DE FINTAC.

Vous êtes né Poëte, & c'est le vrai talent.
Depuis quand vous anime une flamme si belle ?

CELICOUR.

En province, Monsieur, j'en eus une étincelle ;
Mais avant ce moment, une si vive ardeur
Ne pénétra jamais dans le fond de mon cœur.

M. DE FINTAC.

Ah ! c'est l'air de Paris.

CELICOUR.

     C'est l'air que je respire
Dans ces lieux où je sens le plus puissant empire.

M. DE FINTAC.

De meilleur en meilleur, c'est très-bien composer,
Mais il faudrait, je crois, un peu vous reposer..

COMÉDIE.

A loger mon Poëte, allons que l'on s'apprête;
Va donner l'œil à tout, & qu'on lui fasse fête...

Agathe sort, pendant toute cette Scène ; elle a regardé de tems en tems Celicour, & a souri en elle-même pour faire appercevoir qu'elle comprenait le double sens.

Je ne vous chambre point en homme du métier,
& contre l'Ordonnance, on vous met au premier..
D'honneur, je suis ravi que Monsieur votre pere
Me laisse entre les mains un si beau caractere :
A votre âge, le cœur exempt de passions,
Du bien facilement prend les impressions :
Celles du mal encor sont aussi séduisantes,
Le poison est caché sous des fleurs attrayantes :
Mais gardez vous en bien : vous trouvez dans Paris
Mille faux Connoisseurs qui donnent leur avis.
N'allez pas consulter le premier qu'on renomme :
Mais laissez vous séduire aux lumieres d'un homme
Qui jamais de ses jours ne s'est trompé sur rien.

CELICOUR.

Qu'on est heureux, Monsieur, de penser toujours
    bien !
Et quel peut être donc ce docteur infaillible ?

M. DE FINTAC, *d'un ton de confidence,*

C'est moi : par un travail aussi long que pénible,
Qui depuis quarante ans m'exerce à distinguer
Le vrai, d'avec le faux qui sait trop le masquer ;

Qui chéris les beautés de goût & permanentes,
Et qui regarde peu toutes modes errantes;
Moi, qui discerne tout, & le bien & le mal,
Qui nomme un plagiaire & son original;
Moi, qui passe des jours même assez remarquables,
Parmi ceux que les arts rendent considérables.
Je le dis, sans prétendre en tirer vanité,
Même je ne crois pas que je me sois vanté :
Se vante-t-on d'un fait que personne n'ignore ?

SCENE QUATRIEME.

M. DE FINTAC, CELICOUR, UN LAQUAIS.

LE LAQUAIS.

C'est un démon, Monsieur, qui vous demande
encore;
Il est noir & ne sent que la poudre à canon.
(*Il sort.*)

M. DE FINTAC.

C'est un Artificier, homme d'un très-grand nom,
Qui vient me consulter : voulez-vous bien
permettre ?
Je reviens à l'instant :

CELICOUR.

Ah, ce n'est plus m'admettre
Au rang de vos amis que d'agir autrement.
(*Il reste pensif.*)

COMÉDIE.

SCENE CINQUIEME.

Celicour, Clément.

Clément.

Vous voila seul : hé bien ! ce nouveau logement,
Comment le trouvez-vous, Monsieur ?

Celicour *embrassant Clement.*

Qu'Agathe est belle !
Je brûle, cher Clement, d'une flamme éternelle.

Clement.

Et l'on dirait, Monsieur, que ce serait pour moi :

Celicour.

Ah ! je suis à présent bien plus heureux qu'un Roi.
Juge de ma fortune & de mon allégresse :
J'entre, salue, & vois un astre, une Déesse :
Non, je n'ai pu la voir sans en être charmé ;
Mon cœur à son aspect s'est senti transformé.
Son oncle à l'infini m'a donné des louanges,
Ma bouche a répondu mille choses étranges ;
Mon esprit échauffé babillait au hasard,
Et mon cœur amoureux enflammait mon regard ;
J'ai sous un double sens tâché de faire entendre
Que je brûlais déjà de l'amour le plus tendre :

Le Fintac à tous mots sans cesse applaudissait ;
Mais ce n'était pas là ce qui m'intéressait :
Mes yeux toujours ardens, fixaient la belle Agathe,
Je ne voyais plus qu'elle ; & si je ne me flatte,
J'ai vu, Clement, j'ai vu ses yeux reconnoissans,
Jeter par fois sur moi des regards obligeans ——
Quel abus ! un cœur plein de son ardeur extrême,
Est trop porté toujours à se tromper lui-même.

CLEMENT.

Une fille, Monsieur, entend à demi-mot.

CELICOUR, *avec ingénuité,*

Crois-tu ?

CLEMENT, *avec emphase,*

C'est en amour que l'homme devient sot,
Dit un ancien Auteur que lisait feu mon pere ;
La femme est plus au fait d'un coup d'œil, du mystere,
Son ame aime à se perdre en ses propres replis : ——
Ah ! c'est bien vrai, ma mere était du même avis.

CELICOUR *pensif.*

Cette vivacité, ces yeux, leurs étincelles !
Chez Agathe ce sont des choses naturelles.
Leur triomphe peut-être ainsi les animait ?
Pour savoir deviner, c'est là que l'on payerait.

SCENE SIXIEME.

CELICOUR, CLEMENT, ROSIE
vient avec empressement.

ROSIE.

Messieurs, excusez moi, je croyais ma maitresse..
(Elle va pour sortir)

CLEMENT *l'arrête.*

Vous nous quittez bien vîte, adorable Déesse?

ROSIE.

J'ai pour Mademoiselle à l'instant à sortir.

CELICOUR.

Vous êtes sa suivante?

ROSIE.

Oui, pour vous obéir.

CELICOUR.

Vous êtes bien jolie.

ROSIE.

Ah! Monsieur...

CELICOUR.

Bien aimable.

CLEMENT.

Oh! oui, sur mon honneur, la chose est véritable.

CELICOUR.

Helas ! Votre Maîtresse est bien charmante aussi.

ROSIE.

Vous avez bien raison, chacun le dit ainsi.

CELICOUR.

Quand on a sa figure, on doit être cruelle ;
On aime rarement quand on est aussi belle :
D'amans toujours nouveaux on voit grossir sa cour,
Et l'on n'en trouve point dignes de son amour.

ROSIE.

Quand la nature forme une femme charmante,
Peut-elle lui donner une ame indifférente ?
A son plus bel ouvrage elle ôterait le prix.

CLEMENT.

Elle dit bien, Monsieur, je suis de son avis.

CELICOUR *lui prend la main & lui donne une bourse.*

Dites lui donc pour moi que jamais avant elle,
Mes yeux n'avaient fixé de personne aussi belle.

ROSIE.

Ah, Monsieur, son miroir lui répete encor mieux.

CELICOUR.

S'il goûtait son bonheur, il ferait bien heureux.
Dites lui que mes sens.. que mon cœur.. que moi-
   même..
Dites lui.. Dites lui que ma flamme est extrême.

COMÉDIE.

ROSIE.

La voici juſtement, & vous pouvez oſer.
 (*lui faiſant une révérence,*)
De moi dans tous les tems vous devez diſpoſer.
    (*Elle ſort ; Clement la ſuit.*)

SCENE SEPTIEME.

AGATHE, CELICOUR.

AGATHE.

Vous êtes ſeul, Monſieur?

CELICOUR.

     Vous ignorez peut-être
Que l'on eſt bien ſouvent où l'on ne croit pas être.

AGATHE.

Vous ſavez que mon oncle eſt enchanté de vous.

CELICOUR.

C'eſt un ſuccès pour moi très-flatteur & très-doux;
Mais un autre à mon cœur plairait bien davantage.

AGATHE.

Mon oncle qui toujours heureuſement préſage,
Pour réuſſir à tout, dit que vous êtes fait.

CELICOUR.

Ah! Que ne croyez-vous ce généreux portrait!

AGATHE.

En suivant ses avis je m'en suis bien trouvée.

CELICOUR.

Ma demande par vous sera-t-elle approuvée ?
Aidez moi de votre oncle à gagner les bontés :

AGATHE.

Je n'y vois pas, je crois, trop de difficultés.

CELICOUR.

Madame, pardonnez : tout homme a de faiblesses,
Des singularités, même des petitesses ;
Pour bien flatter son goût & ses opinions,
Il faut connaître à fond toutes ses passions ;
Et pour les bien connaître, il faut l'expérience :
Avec un simple trait de votre bienveillance,
Il vous serait aisé de pouvoir m'obliger :
Et de quoi s'agit-il ? De savoir ménager
Une amitié, qui peut faire mon bien suprême :
Vous le voyez, ce n'est, que l'innocence même.

AGATHE.

Mais, quand auprès d'un oncle on cherche à réussir,
Avec la niece avant il faut donc convenir ?
Et dans votre pays suit-on ce bel usage ?
Ce n'est pas mal adroit.

CELICOUR.
     Toujours du badinage !
          Eh !

Eh mais, je n'y vois rien que de très-innocent.

AGATHE.

Pour moi, je ne sais pas juger si promptement :
Mais si mon oncle avait quelquefois *des foiblesses*,
Des singularités, même des pètitesses,
(Comme vous prétendez) serait-il bien, Monsieur,
De vous en informer?

CELICOUR.

Ah ! croyez-en mon cœur :
Je ne me servirais du secret de la niece,
Que pour mieux ménager, & l'oncle & sa tendresse.

AGATHE.

Mais cette niece encor !..

CELICOUR.

Doit voir avec plaisir
Qu'on veut plaire à son oncle & non pas le guérir,
Vouloir le corriger, il a passé cet âge,
Il ne faut qu'approuver & chercher son suffrage.

AGATHE.

Comment ! vous parlez d'or, c'est on ne peut pas
mieux :
Vous devez rassurer tous les gens scrupuleux.

CELICOUR.

Des scrupules ? helas ! ah ! lisez dans mon ame,
S'il vous en reste aucuns ! — mais point du tout,
Madame,

Avec moi vous voulez diffimuler, je vois.

AGATHE.

Fort bien ; je vois Monfieur pour la feconde fois ;
Et pourquoi n'a-t-il point toute ma confiance ?

CELICOUR.

Je fuis trop indifcret, je fens mon imprudence ;
Ah! mille pardons.

AGATHE.

Heum, vous êtes bien heureux
Que mon cœur s'intéreffe à contenter vos vœux :
(Par égard pour mon oncle :) il était fort aimable,
Il l'eût toujours été, fi fa troupe haïffable
Ne l'eût point entiché de cent préventions :
Etre grand Connoiffeur font fes prétentions ;
Il croit que d'après lui, le monde juge & penfe ;
Arbitre des talens, guide de la fcience,
Des lettres & des arts feul appréciateur,
Et de tous les auteurs utile protecteur.
Je conçois que cela ne fait tort à perfonne ;
Mais la foule des fots fans ceffe l'environne,
Il a part aux écrits, aux faits, aux coups d'efprit,
Au ridicule même ; & c'eft-là mon dépit :
Avec lui le public eft toujours en querelles,
Et ce font tous les jours quelques fcènes nouvelles..
Je voudrais de bon cœur, pour fa tranquillité,
Qu'il ne revît jamais cette fociété.

Il se brûle le sang, il abrège sa vie,
Et n'a point de repos.

CELICOUR.

C'est une frénésie.

AGATHE.

Et ce n'est rien encor : attendez qu'au réduit
Des beaux arts entassés vous soyez introduit :
Vous y verrez épars des monceaux de sciences,
Et l'extrait général des grandes connoissances.
(C'est dans son cabinet qu'il faut vous retrancher,)
De gros livres sans nombre, y couvrent le plancher;
On y voit des rouleaux d'estampes déchirées,
Des cartes au hasard dans des coins enterrées,
Des plans à moitié faits, des manuscrits ouverts
Et des *in-folio* de poussiere couverts :
Des bougeoirs entourés de médailles antiques,
à côté, de Quinault les ouvrages tragiques :
Plus loin, un télescope sur son affût assis,
D'instrumens de Physique un groupe de débris,
De bas-relief en cire un précieux modèle,
Avec mille morceaux d'histoire naturelle,
L'esquisse d'un tableau sur un vieux chevalet,
Un ordre pittoresque, au plafond du parquet :
Enfin on peut à peine y mettre un pied par terre,
Et le voir tout entier est une longue affaire.

CELICOUR.

An fait, il faudra bien, au moins patienter;
Je n'imagine pas qu'on puisse l'éviter.

B ij

AGATHE.

Oh ! non assurément : c'est lui, je me retire ;
Gardez d'être indiscret & de le contredire.

SCENE HUITIEME.

M. DE FINTAC, CELICOUR.

M. DE FINTAC.

MILLE pardons, Monsieur ; j'ai long-tems demeuré.

CELICOUR.

Monsieur, vous vous moquez.

M. DE FINTAC.

Demain sera tiré
Le feu, mais le plus beau qu'on ait vu de la vie ;
Il épuise à la fois & l'art & le génie :
L'idée en est à moi, le reste est de l'auteur.
Voilà quel est l'objet d'un juste Connoisseur :
C'est qu'il donne aux talens un secours débonnaire,
Et qu'il les encourage alors qu'il les éclaire.
Que le projet heureux de quelque beau morceau,
Que le rare dessein de quelque beau tableau,
Que le plan bien conçu de quelque architecture,
Qu'un modèle accompli de gravure ou sculpture ;
Qu'un fameux livre enfin, où l'on voit le bon tac,
Soit du crû de l'artiste, ou du crû de Fintac,

COMÉDIE.

Pour les progrès de l'art c'est chose indifférente :
Or donc, voilà pour moi l'affaire intéressante.
Ils viennent me trouver, mon avis leur est dit;
Ils m'écoutent, s'en vont, puis en font leur profit;
Leur ouvrage paraît, je vois ce qu'on en pense;
Et quand il réussit, c'est là ma récompense.

CELICOUR.

Rien n'est plus beau, Monsieur, plus digne d'un
    grand nom;
Vous êtes des beaux arts le second Apollon :
Et la charmante Agathe est aussi quelque Muse?

M. DE FINTAC.

Oh! non : de tous les tems elle fut une buse.
J'avais d'abord à cœur son éducation,
Mais elle est & sans goût & sans attention.
Je l'avais engagée à lire un peu l'histoire;
Pourquoi, m'a-t-elle dit, se charger la mémoire
De cent faits qui ne sont trop sages, ni trop bons?
On n'y voit que des fous ou d'illustres fripons,
Se jouant à leur gré du reste de la terre,
Où les sots veulent bien les laisser satisfaire.
Je crus que l'éloquence aurait pu la flatter,
Mais point du tout; en vain je voulus la tenter :
Ces fameux Orateurs, Ciceron, Demosthènes,
Et tous leurs compagnons, soit de Rome ou
    d'Athènes,

B iij

Etaient des charlatans; & les bonnes raisons,
Dit-elle, ont peu besoin de belles oraisons.
La morale, elle dit l'avoir dans sa cervelle,
Et que le bon Socrate était moins sage qu'elle.
La poësie a donc de certains agrémens
Qui lui font quelquefois passer de doux momens;
Mais je l'entends encor avec pleine assurance,
Aux contes fabuleux donner la préférence,
Et du Renard, de l'âne, aime mieux les propos,
Que d'entendre parler d'Homère les Héros.
En un mot, elle a tant tous les traits de l'enfance,
Qu'elle ne porte pas douze ans en apparence;
Même dans l'entretien le plus intéressant,
De quelque bagatelle on la voit s'amusant.
Vous riez de cela?

Celicour.

Qui pourrait ne pas rire?
On a tant d'agrémens à vous l'entendre dire!

M. de Fintac.

Vous êtes toujours prêt à faire un compliment.
On voit que vous devez composer aisément.
Je veux vous faire voir mon manoir de science;
Des lettres & des arts, vous verrez l'affluence;
Vous m'y pardonnerez quelque dérangement,
Mais je veux sous ma main trouver tout promp-
   tement :
Ne croyez pas aussi ce désordre en ma tête,
Chaque chose à sa place & se tient & s'arrête.

COMÉDIE.

Le changement n'y met nulle confusion.

CELICOUR *distrait*.

C'est merveilleux.

M. DE FINTAC.

Très-fort; & puis cette action
Qui méchaniquement fait agir la mémoire,
C'est un bien beau travail: la tête est une armoire
Où sont artistement arrangés des tiroirs
De nos moindres pensers utiles réservoirs:
Là, nos réflexions se classent avec ordre,
Et quand nous le voulons, en sortent sans désordre.
Par exemple, à travers ce que jadis j'ai lu,
Comment, à point nommé, me suis-je souvenu
Que sur notre horison reviendrait la comète?
Car j'éveillai nos gens à la docte lunette.

CELICOUR.

Vous, Monsieur?

M. DE FINTAC.

Ah! parbleu, pas un ne s'en doutait,
Et sans moi la comète *incognito* passait.
Je n'en ai pas parlé, c'est peu de conséquence,
Je le dis seulement à vous en confidence.

CELICOUR.

Et pourquoi, s'il vous plaît, d'un avis important
Vous laisser dérober le mérite éclatant?

M. DE FINTAC.

Les larcins qu'on me fait! s'il me prenait envie
De les réclamer tous, je passerais ma vie.
En général, mon fils, une solution,
Une piece de vers ou d'érudition,
Un projet, une idée, un morceau de peinture,
Une belle statue, un plan d'architecture,
Tout cela très-souvent, autant qu'on le croit bien,
N'est point à qui le porte & l'annonce le sien.

SCENE NEUVIEME.

M. DE FINTAC, CELICOUR, AGATHE, M. DE L'EXERGUE, M. LUCIDE, M. PINCÉ, M. DESPATRAS, M. PROFOND.

M. DE FINTAC à Celicour.

Ce sont de mes amis, gens d'un esprit sublime,
Bons auteurs, mais aimant à garder l'anonyme.
Messieurs, je vous présente un enfant d'Apollon,
La gloire doit un jour nous répéter son nom ;
Mais il veut aujourd'hui travailler à l'ombrage
De vos lauriers épais que respecte l'orage.

M. DE L'EXERGUE.

A nos chers anciens cet éloge irait mieux,
Et vous savez combien ce siecle est ténébreux,
Monsieur,

COMÉDIE.

M. DE FINTAC,
avec enthousiasme, en montrant les trois autres.

Et ces flambeaux— qu'en voulez-vous donc faire?

M. PINCÉ, *en montrant M. de Fintac.*

Et voici le foyer où l'on prend la lumiere.

M. DE FINTAC.

Allons, dans ces fauteuils, Messieurs, asseyons nous:
Et vous, à mon côté, jeune homme, placez-vous.

M. DESFATRAS,
à l'oreille de M. Pincé, en s'asseyant.

De cet enfant, déjà parait-il quelque ouvrage?

M. PINCÉ

Fi donc, jamais.

M. DE L'EXERGUE, *à l'oreille de M. Lucide.*

Je crois qu'il doit être peu sage.

M. LUCIDE.

Je le juge, à sa mine, être un franc étourdi.

M. DE L'EXERGUE *à Celicour.*

Du bruyant de Paris vous montrer ennemi,
D'un talent bien marqué, Monsieur, c'est le présage;
On cherche le plaisir quand on est à votre âge;
Vous cherchez la science, & c'est là le vrai bien.

M. LUCIDE.

D'un savant consommé, Monsieur a le maintien.

CELICOUR.

Je rapporte, Meſſieurs, à votre politeſſe,
Des complimens flatteurs que dément ma faibleſſe;
L'air eſt trompeur, & tels, avec de certains mots,
Surprennent le vulgaire, & ne ſont que des ſots.

M. PINCÉ.

Avez-vous fait, Monſieur, imprimer quelque ouvrage?

CELICOUR.

Mon cœur feroit flatté d'un ſi bel avantage;
L'étude a des appas, elle a ſu me charmer,
Mais je n'aſpire point à me faire imprimer;
Le grand homme le doit, & le ſot le peut faire;
Chacun de ſon côté procure la lumiere,
L'un c'eſt par ſon eſprit, l'autre avec ſon papier.

M. DE FINTAC, *en applaudiſſant avec les mains.*

Bon, bon, bon, c'eſt un mot qu'on ne peut trop payer.
Vous avez un eſprit très-épigrammatique:
  (*aux ſavans.*)
Vous le voyez percer?

M. PINCÉ.
                    Comme de l'alambique,
On peut voir diſtiller l'eſprit d'une liqueur:

M. DE FINTAC, *prenant Celicour par la main.*

Eſt-ce là ce qu'on peut déſirer de meilleur

COMÉDIE. 27

Pour des comparaisons ? C'est la Philosophie
Sublimement fondue avec la Poësie.
C'est ainsi que l'on voit s'allier les talens.
Avouez qu'en province on n'a pas de tels gens.
Hé bien, c'est encor peu, nous voyons des femaines
Où ces Messieurs nous font des bons mots par centaines.

M. PROFOND.

Ici, l'esprit doit être aussi vif que nouveau :
(*En montrant M. de Fintac*)
En voici la fontaine, *ore purpureo*
Bibimus nectar.

M. DE FINTAC *d'un air modeste*,

Ah ! *purpureo*, de grace,
Avec moi cet éloge est très-peu dans sa place.
(*A Celicour*)
Ecoutez-vous, jeune homme ? Apprenez à citer..
Enfin nous verrons donc ce soir représenter
Notre piece nouvelle; en croire la cronique,
Elle n'ira pas loin.

M. DESFATRAS.

Pourquoi ? Qui la critique ?

M. DE FINTAC.

Ah, ce sont des Acteurs & maints semblables gens.

M. PROFOND.

On lit souvent des vers sans comprendre leur sens:

On cause, on parle, on dit dans le siecle où nous
      sommes,
Mais la saine raison s'y brouille avec les hommes.
Je connais cette piece, elle a des coups frappans,
Beaucoup de pathétique & des traits amusans.

M. DE FINTAC.

Ma foi, Messieurs, sa bonne ou mauvaise fortune
En ce jour est pour nous une cause commune :
Nous devons soutenir sa réputation,
Après avoir donné notre approbation.

M. LUCIDE.

C'est vrai ; mais que l'auteur ne se fait-il connaître ?
Le monde aurait pour lui quelques égards peut-être.

M. DE FINTAC.

C'est juste, mais il veut... cependant nous verrons,
Je vais l'envoyer prendre & nous en parlerons.
Son succès ne peut être une chose indécise ;
Notre société ne s'est jamais méprise :
Je voudrais pour beaucoup qu'elle fût mon enfant,
J'avouerais au grand jour cet ouvrage éclatant.

M. DE L'EXERGUE.

Sur les causes d'autrui l'on raisonne à merveille :
Mais je suis très-certain que Racine & Corneille
Palissaient, frémissaient aux momens incertains,
Qu'un partere en suspens balançait leurs destins.

COMÉDIE.

M. PROFOND.

Mais à propos, du jour savez-vous la nouvelle?
Entre tous les savans il est une querelle,
Savoir lequel des deux doit remporter le prix,
De Racine ou Corneille?

M. DESFATRAS.

     Eux deux, à mon avis——
Ont dira là dessus mille choses bien belles.

M. DE FINTAC.

Nous remarquons partout les vives étincelles...

AGATHE.

Mon oncle, permettez, lequel de ces deux fruits,
De l'orange ou la pêche, a le goût plus exquis?

M. DE FINTAC, *avec un certain air de dépit.*

Ma niece, il faut savoir écouter & se taire——

(*Agathe en cet endroit regarde Celicour en sou-
riant, qui lui rend le même sourire.*)

Messieurs, qu'en dites vous? Il faudrait nous
   distraire.
Un moment au jardin allons nous dissiper..
 (*A Celicour.*)
Enfant, j'ai des beautés qui vont vous occuper.
Vous y verrez surtout la plante sans pareille;
C'est un chou panaché : mais c'est une merveille

Qui de tout curieux fait l'admiration:
Il faut voir ſes couleurs, ſes replis, ſon feſton:
Qu'on vienne me montrer une plante étrangere
Que plus artiſtement la nature ait ſu faire?
C'eſt la prévention des cerveaux de travers,
Pour tout ce qui nous vient des pays outre mers:
Moi, qui ne fus jamais prévenu de ma vie,
En conſervant mon chou, je venge ma Patrie.

(*Tout le monde ſort: quand il eſt à la porte, il prend Celicour par la main, le ramène ſur le bord du théâtre, tire un cahier de ſa poche & le lui donne.*)

Liſez ce manuſcrit très-attentivement,
Mon fils, je ferai cas de votre ſentiment;
Vous avez, ſelon moi, beaucoup d'intelligence,
De la juſteſſe même & de l'expérience:
Surtout ſoyez diſcret & recevez l'encens
Que mon eſtime doit à vos jeunes talens.

Fin du premier Acte.

COMÉDIE.

ACTE SECOND.

La Scène représente un jardin où sont plusieurs allées. Agathe & Celicour, quand on lève la toile, se trouvent à côté d'un rosier. M. de Fintac & les autres Savans se promenent séparément dans différentes allées d'où on peut les voir.

SCENE PREMIERE.

AGATHE, CELICOUR.

CELICOUR.

Belle Agathe, un moment, remarquez cette rose
Qui paraît à nos yeux nouvellement éclose :
Voulez-vous sur son pied la laisser se flétrir ?

AGATHE.

Où la condamnez-vous, s'il vous plaît, à mourir ?

CELICOUR.

Helas ! où je voudrais abandonner la vie—

Dans cet endroit M. de Fintac, M. de l'Exergue, M. Lucide viennent s'asseoir sur un banc, derriere des arbrisseaux, de façon qu'ils peuvent entendre la conversation sans être apperçus.)

Croyant de Pythagore à la Philosophie,
Je veux, après ma mort en rose devenir :
Si quelque main profane attente à me cueillir,

Je plongerai ma tête au centre des épines;
Mais si-tôt qu'une Nymphe aux graces enfantines,
Voudra jeter sur moi des regards envieux,
Je sortirai soudain un cou non épineux.
J'ouvrirai de mon sein les trésors délectables,
Au loin j'exhalerai mes parfums agréables,
Je verrai son haleine unie à mes odeurs,
Et le desir de plaire animer mes couleurs.

AGATHE.

Votre but ? vous plairez & vous serez cueillie,
Et le moment d'après, on vous verra flétrie.

CELICOUR, *avec chaleur.*

Ne comptez vous pour rien le bonheur d'un moment ?

AGATHE *déguise le trouble qui l'agite.*

Moi, si l'on me laissait le choix du changement,
Je formerais des vœux pour être tourterelle.

CELICOUR.

De la douce innocence elle est l'heureux modele.

AGATHE.

Ajoutez la tendresse & la fidélité.

CELICOUR.

Oui, ce choix, belle Agathe, est par vous mérité;
Elle est l'oiseau chéri de l'enfant de Cythère;
Ornement précieux du beau char de sa mere,
Sur vos ailes l'amour irait se reposer,
Ou plutôt dans son sein saurait vous déposer :

COMÉDIE.

Ce serait à longs traits sur sa bouche fleurie,
Que votre bec ardent goûterait l'ambroisie.

AGATHE.

Arrêtez; vous poussez trop loin la fixion:
Vous avez une heureuse imagination.

CELICOUR.

Encor un mot de grace... Enfin, la tourterelle
Ne peut vivre long-tems sans compagne avec elle;
Si de choisir la vôtre il vous était permis,
Quelle ame, dites-moi, remporterait le prix?

AGATHE.

Mais je le donnerais à celle d'une amie.
(*A ces mots Celicour attache sur elle des yeux où sont peints l'amour & le reproche.*)

SCENE SECONDE.

AGATHE, CELICOUR, M. DE FINTAC,

M. DE L'EXERGUE, M. LUCIDE.

(*En même tems ces trois Messieurs se sont approchés d'Agathe & de Celicour.*)

M. DE FINTAC, *vivement*.

Fort bien, mon fils, fort bien, c'est de la poésie
Belle & bonne, ma foi : l'image de la fleur,
La rose epanouïe est là d'une fraîcheur

Digne de *Vanhuyſum*. Mais pour *la tourterelle*,
L'idée eſt de *Boucher*, & c'eſt un bon modele:
* *Ut pictura Poëſis*. Courage, mon enfant,
Courage, vous ſerez un homme très-ſavant.
Meſſieurs, l'allégorie eſt très-bien ſoutenue:
Agathe, on eſt content de t'avoir entendue,
Et Monſieur de l'Exergue en eſt auſſi ſurpris.

M. DE L'EXERGUE.

Il eſt un fait certain : Madame, à mon avis,
A mis, dans ſes penſers, de l'anacréontique,
C'eſt le goût de ſon oncle ; au coin du ſain antique
Il ne dit jamais rien qui ne ſoit très-marqué.

M. LUCIDE.

Et dans tout ce qu'a dit Monſieur, j'ai remarqué
Le *molle facetum*.

M. DE FINTAC.

    Cette ſcène eſt charmante,
Amuſante, morale & fort intéreſſante ;
Il faudra l'achever & nous la mettre en vers,
Ce ſera le plus beau de nos morceaux divers.

CELICOUR.

J'ai beſoin du ſecours de la divine Agathe,
Je ſuis muet ſans elle, & ma Muſe eſt ingrate.

On a conſervé l'hémiſtiche latin, c'eſt à l'Acteur à le faire de même apercevoir.

COMÉDIE.

M. DE FINTAC.

Pour ne rien déranger, nous vous laissons tous deux:
Le naturel, l'aisance, — enfin tout ira mieux.
(*Ils retournent se promener.*)

SCENE TROISIEME.
AGATHE, CELICOUR.

CELICOUR.

A notre tourterelle, & *l'ame d'une amie!*
L'amour, pour l'amitié, vous donna-t-il la vie ?
A l'amitié, ce cœur doit-il être voué ?

AGATHE.

Voilà le dialogue avec art renoué ;
Je ferais bien semblant de ne pas vous entendre,
Ou je feindrais, au moins, de ne pas vous com-
   prendre:
Mais je feins rarement : je sais qu'il est permis,
(N'en déplaise à Messieurs nos illustres esprits,)
Qu'à me voir, vous ayez un plaisir plus sensible,
Plutôt que d'écouter quelque discours risible ;
Et moi de vous trouver, je suis aise à mon tour,
Pour dissiper un peu l'ennui de ce sejour.

CELICOUR.

Hé bien, nous sommes donc enfin d'intelligence ;
Nous pouvons bien ici nous amuser, je pense,

Car ces originaux font tout à fait plaifans.

AGATHE.

Ce Lucide en fa vie a des faits amufans.
Par exemple, toujours il voit de grandes caufes,
Mais que pas un ne voit, dans les plus fimples chofes;
La nature, on diroit, lui fouffle fes fecrets,
Pour favoir fes penfers, bien peu de gens font faits;
Dans un cercle, il choifit, pour faire confidence,
La perfonne qu'il croit la plus de conféquence;
Il fe penche tout bas myftérieufement,
Et lui dit fon avis le plus fécrettement..
Pour Monfieur de l'Exergue, il eft favantiffime;
Le titre de moderne à fes yeux eft un crime;
Les fiecles, felon lui, donnent la qualité,
Il veut dans une fille un air d'antiquité,
Et fon attention fur moi s'eft échappée,
Pour avoir le profil de la Reine *Popée*..
Près du groupe là-bas, voyez-vous avancé
Ce certain homme droit, nommé Monfieur Pincé?
Il fait de petits riens tout le tems de fa vie,
Mais que l'on n'entend pas, quoiqu'on en ait envie:
Pour les lire à fon aife, il lui faut tout un jour,
Il ne prend d'auditeurs qu'une certaine cour;
Il exige qu'après, toute porte foit clofe;
Sur la pointe du pied il arrive & fe pofe
Auprès de deux flambeaux placés artiftement;
Il atteint avec goût, des deux doigts feulement,

Un porte-feuille ambré, musqué, couleur de rose,
Tousse avec agrément, & fait plus d'une pause;
Autour de lui promene un regard gracieux
Qui semble demander qu'on soit silencieux;
Puis annonce un roman dont les beautés étranges
Lui méritent déjà les plus justes louanges
De plusieurs gens en place & très de qualité;
Il le lit posément pour être mieux goûté,
Et va jusqu'à la fin, sans voir en nulle chose,
Que tout le monde dort & baille à bouche close.

CELICOUR.

Vous faites des portraits tout-à-fait amusans,
Vous entendez, Madame, à peindre bien les gens.

AGATHE, *en montrant M. Desfatras.*

Ce petit homme là que vous remarquez rire,
Me fait une pitié que je ne puis vous dire:
Pour lui, l'esprit ressemble à ces éternuemens
Que nous croyons vouloir venir à tous momens
Et ne viennent jamais; on voit qu'il meurt d'envie
D'enfanter une chose agréable & jolie;
Il la sent de sa bouche au moment de sortir,
Quand un démon malin la fait évanouir.
Ce personnage sec à la mine effilée,
Qui se promene seul dans cette grande allée,
Est l'esprit le plus creux de ceux que je connais,
Il jurerait qu'il est un Philosophe Anglais,
Par la raison qu'il porte une perruque ronde,
Et qu'il a les vapeurs les plus noires du monde;

Sur une aîle de mouche il va s'appefantir,
Et poffede fi bien l'art de tout obfcurcir,
Qu'on eft tenté par fois de croire à fa fcience..
Voilà tous nos Héros ; & c'eft ce que j'en penfe.

CELICOUR.

Ah! Monfieur de Fintac, pour un grand Connoiffeur,
Vous connoiffez bien peu cet efprit enchanteur :
Et vous appelez ça *tous les traits de l'enfance.*

AGATHE.

Oui, felon ces Meffieurs, je fuis dans l'ignorance;
En ma préfence auffi ne fe gênent-ils pas;
Ils font du bel efprit fans aucun embarras :
Mais n'allez pas, au moins, trahir ma confidence.

CELICOUR.

N'en craignez jamais rien : pour notre intelligence,
Les nœuds de l'amitié font des nœuds bien facrés,
Mais je crois qu'à nos cœurs, des liens plus ferrés...

AGATHE.

A l'amitié, Monfieur, vous faites une injure,
Fut-il d'autre tendreffe, en eft-il de plus pure ?

SCENE QUATRIEME.

CELICOUR, AGATHE, M. DE FINTAC.

M. DE FINTAC.

AGATHE, allez vous en me cueillir un bouquet,
Que ce foit fimplement une rofe, un œillet;

Vous irez le donner à mon cher antiquaire,
Notre ami de l'Exergue ; ayez soin de lui plaire.
(*Agathe va le cueillir.*)

M. DE FINTAC.

(*A Celicour.*)

Le dialogue, hé bien, l'avez-vous renoué ?

CELICOUR.

Il n'a pas tout-à-fait si bien continué——
Mais pour y suppléer, j'y mettrai quelque chose.

M. DE FINTAC.

Je suis fâché vraiment d'avoir été la cause
De l'interruption ; qu'on le laisse échaper,
Le fil de la nature est long à ratraper :
Ce sera sûrement ma petite insensée
Qui n'aura pas saisi comme il faut la pensée :
On lui voit quelquefois une faible lueur,
Mais bientôt elle passe & c'est un feu trompeur.
Je crois, pour la former qu'il faut le mariage.

CELICOUR *surpris.*

Vous pensez donc, Monsieur, à la mettre en ménage ?

M. DE FINTAC, *en lui frappant sur l'épaule.*

Et je compte beaucoup sur l'ami Celicour,
Pour devoir célébrer dignement ce grand jour.
A Monsieur de l'Exergue, à ce savant sublime,
Homme admirable, riche & qu'un chacun estime,

Je dois la marier; un homme férieux
A besoin de quelqu'un qui soit vif & joyeux:
Il a de l'amitié pour la petite Agathe,
Et dans cette union tout me plaît & me flate!
En huit jours, au plus tard, ces nœuds seront parfaits:
Mais il exige, au moins, le plus grand des secrets:
Ma niece en ce moment, ne le sait pas encore;
Il faut bien que pour vous ce secret puisse éclore,
Puisque c'est vous dans peu qui les célébrerez.
Vous, *hymen! hymenée!* allons vous chercherez:
Vous voyez qu'il nous faut un bel épithalame;
Et voici le moment de déployer votre ame.

CELICOUR.
Monsieur...

M. DE FINTAC.
    La modestie est ici contre-tems,
Un peu, bon; mais le trop étouffe les talens.

CELICOUR.
Dispensez moi...

M. DE FINTAC.
   Comment? Ce sont vos coups de maître;
Et c'est le seul moyen de vous faire connaître.
Ma niece est assez belle, avec certain esprit,
Sur un sujet pareil jamais on ne tarit.
Pour l'époux; celui-là c'est un talent unique,
Personne mieux que lui ne connait un antique:
Son cabinet est riche, il l'estime un grand prix,
Il doit d'*Herculanum* aller voir les débris,

COMÉDIE.

Et peu s'en eſt fallu qu'il ne fût à *Palmire*,
Enfin mille beaux traits que je pourrais vous dire.
Vous voyez le coup d'œil que cela doit tracer——
Mais que dis-je, déjà je vous crois y penſer:
Oui, c'eſt juſte, & je vois peint ſur votre viſage
La méditation ébaucher ſon ouvrage.
Allez mettre à profit ces précieux momens,
Et moi, je vais aller rejoindre nos ſavans.
(*Celicour reſte un moment immobile, aperçoit Agathe aſſiſe ſur un banc & court à elle.*)

SCENE CINQUIEME.

AGATHE, CELICOUR.

CELICOUR.

Je ſuis perdu, Madame, & tout me déſeſpere.

AGATHE *ſe leve*.

Hé bien ! qu'avez-vous donc ?

CELICOUR.

Qui jamais ſur la terre,
Eprouva, plus que moi, le céleſte couroux ?
Monſieur l'Exergue en peu deviendra votre époux.

AGATHE.

Qui vous a fait, de grace, une ſi belle hiſtoire ?

CELICOUR.

Qui ? Monſieur de Fintac : Il m'a donné la gloire
De votre épitalame.

AGATHE.

Hé bien donc, commencez;
Ce sera du brillant?

CELICOUR.

Vous vous divertissez !
Vous trouvez donc plaisant de vous voir la future
De Monsieur de l'Exergue?

AGATHE.

Oh ! oui, je vous assure.

CELICOUR.

Ah, cruelle ! du moins que par pitié pour moi,
(*Il tombe à genoux.*)
Qui vous perd, vous adore & vous jure ma foi...

AGATHE, *ironiquement en le relevant.*

Messieurs les amoureux ont des tours impayables
Pour savoir déclarer leurs feux inaltérables ;
Troublés, désespérés, ne se possédant pas,
Ils pensent nous convaincre avec tout ce fracas ;
Et l'amour, à l'abri de ce tendre artifice,
Croit, en hasardant tout, qu'on lui sera propice.
Mais, donnez à vos sens le téms de se rasseoir,
Et voyons ce qui cause un si grand désespoir ?

CELICOUR.

C'est de vous voir tranquille, ingrate que vous êtes !

AGATHE.

Que tous ces amoureux ont de mauvaises têtes !

Et pourquoi, s'il vous plaît, m'affliger d'un malheur
Qui ne peut m'arriver ?

CELICOUR.

Suis-je donc imposteur ?
Je vous le dis encor, la chose est très-précise,
Par Monsieur de Fintac votre main est promise:

AGATHE.

Enfin, comment, sans moi, voulez-vous décider
Ce qui, sans moi, jamais ne se peut accorder ?

CELICOUR.

Mais s'il s'est engagé; Que ferez-vous ? Que dire ?
Sa parole, en un mot...

AGATHE.

Hé bien, qu'il la retire.

CELICOUR.

Comment ? vous oserez...

AGATHE.

Eh quoi ? Ne pas dire oui ?
Le bel effort vraiment !

CELICOUR.

Ah Dieu ! je suis ravi.

AGATHE.

Et vous avez grand tort; pourquoi ces frénésies ?
La joie & la douleur, chez vous, sont deux folies.

CELICOUR.

A notre bel esprit vous ne serez jamais ?

AGATHE.

La conjecture ? Eh bien ! Qu'en fera-t-il après ?

CELICOUR.

Et vous ferez à moi.

AGATHE.

Sans doute, & chofes dûes,
Filles qu'il n'aura pas vous feront dévolues;
C'eſt clair : en vérité, comme vous raifonnez !
L'un à l'autre vraiment nous étions deſtinés !.
Adieu, voici mon oncle, & cachez fous filence
Que vous m'ayez, furtout, fait cette confidence.

(*Quand Agathe voit fon oncle approcher, elle lui donne le bouquet qu'elle a eu ordre de cueillir, fe promene un inſtant, & fe repofe fur un banc oppofé au premier qu'elle occupait, d'où ils fe voyent, Celicour & elle.*)

SCENE SIXIEME.

M. DE FINTAC, CELICOUR,

M. DE FINTAC.

Et notre épitalame ? êtes vous avancé ?

CELICOUR.

Le projet dans ma tête eſt déjà tout tracé.

M. DE FINTAC.

Voyons.

CELICOUR.

J'ai pris, je crois, la jufte allégorie :
Avec la vérité le tems qui fe marie.

COMÉDIE.

M. DE FINTAC.

Le sujet est bien beau, mais il est sérieux..
Et puis vous comprenez que le tems est si vieux...

CELICOUR.

Mais Monsieur de l'Exergue est bien un antiquaire.

M. DE FINTAC.

Oui, mais personne aussi n'aime à s'entendre faire
Aussi vieux que le tems.

CELICOUR.

     Hé bien, préferez-vous
Le nôces de Venus & Vulcain son époux?

M. DE FINTAC.

Vulcain dans d'autres tems cadrerait à merveille :
Mais l'histoire de Mars peine trop à l'oreille
D'un nouveau marié. C'est en réfléchissant,
Que vous pourrez trouver un trait plus avenant..

(Il regarde autour de lui & le tire en particulier.)

Ecoutez, & parlons de choses importantes,
Qui vous flatteront même, & fort intéressantes.
Votre esprit a bientôt intéressé mon cœur,
Et je vais vous prouver son ascendant vainqueur :
Je veux vous déposer le secret de ma vie :
Vous voyez à quel point mon ame se confie ;
Mais j'exige de vous un serment si sacré,
Qu'en votre sein toujours il demeure enterré.

LE CONNOISSEUR,

CELICOUR.

Alors que la vertu quitta notre hémisphere,
Le mensonge apporta les sermens sur la terre :
Moi, je n'en fais jamais, & dans tout tems mon cœur
Reconnait seulement le respect & l'honneur.

M. DE FINTAC.

C'est parler en Héros : mon amitié vous jure
Dans le mien à jamais la plus vive gravure..
Ce manuscrit tantôt que je vous ai remis,
Hé bien ! l'avez-vous lu ? Dites m'en votre avis ?

CELICOUR.

C'est fort bon.

M. DE FINTAC.

Vous saurez que c'est la comédie
Que l'on donne ce soir, & mon ame est ravie
Que par vous cet ouvrage ait été trouvé beau :
Hé bien ! —il est de moi.

CELICOUR *un peu surpris.*

C'est un bien bon morceau,
Et je n'ai jamais lu rien de mieux en ma vie.

M. DE FINTAC.

Avouez qu'on y voit ce feu de Poësie,
Cette chaleur mâle avec le sentiment.
Voici pourquoi je veux vous seul pour confident ;
J'avais depuis long-tems la plus brûlante envie
De voir enfin ma piece au théâtre applaudie ;

Mais je ne voulais pas que ce fût sous mon nom ;
  (*Ici Celicour frémit.*)
Et jusqu'à ce moment, pour certaine raison,
Je n'avais point voulu donner ma confiance.
Personne n'en conçoit la moindre défiance :
De me la voir vanter il n'est point étonnant,
On fait que je protége & chéris le talent.
Enfin, je vous conserve une si haute estime,
Que ma piece aujourd'hui quittera l'anonime :
Je veux dès ce moment vous en dire l'auteur ;
Le plaisir du succès me sera trop flatteur,
Et je vous laisse à vous tout l'honneur & la gloire.

Celicour.

Je ne défire point une telle victoire.
Et qui peut, sans rougir, s'arroger un honneur
Que son ame dément dans le fond de son cœur ?

M. de Fintac.

Toutes ces raisons-là sont bien bonnes & belles,
Et ne font cependant que pures bagatelles.
Le secret, qu'en vos mains, je viens de déposer,
Vous engage d'honneur à ne pas refuser :
Et qu'importe au public que cette comédie
Soit de vous ou de moi ? Plaisante modestie !
Vous êtes mon ami, vous voulez m'obliger,
A qui nuira jamais ce mensonge léger ?
Mon ouvrage est mon bien, & je vous l'abandonne ;
Je vous jure ma foi n'en instruire personne.

Votre délicatesse est de tous les côtés
Pleinement ménagée, & si vous persistez
A refuser encor constamment mon ouvrage,
Je prendrai ce refus pour le dernier outrage,
Je croirai, selon vous, qu'il est à rejeter,
Qu'en venant m'applaudir c'était me plaisanter;
Qu'enfin de mes bontés je deviens la victime,
Et que j'avais su mal engager mon estime.

CELICOUR.

Je sens trop vivement le prix de vos bontés,
Pour ne pas vaincre ici toutes difficultés :
Pardonnez, je croyais mes raisons recevables ;
Mais je vois à présent qu'elles sont condamnables.
Vous ordonnez, c'est tout, & je suis trop flatté
De vous être aujourd'hui de quelque utilité.

M. DE FINTAC.

Je puis donc ?..

CELICOUR.

Disposer de mon obéissance.

M. DE FINTAC *l'embrasse.*

Ah ! mon fils, pardonnez mon trop de pétulance.
Je me suis emporté, j'étais au désespoir.
Dans ces momens heureux que je puis entrevoir,
Je cours nommer l'auteur de la piece nouvelle,
Car tous les vrais savans s'intéressent pour elle.
(*Il va rassembler les Savans qui sont dans des allées séparées.*)

SCENE SEPTIEME.

SCENE SEPTIEME.

AGATHE, CÉLICOUR.

(*Célicour fait un tour sur la scène, court à Agathe qu'il avait apperçue travailler sur un banc contre une charmille.*)

CÉLICOUR.

Ah! je suis, chere Agathe, au comble du malheur.

AGATHE.

Et qu'avez vous toujours avec votre douleur?

CÉLICOUR.

Qui croyez vous l'auteur de la piece nouvelle?

AGATHE.

Que m'importe? la chose est-elle essentielle?

CÉLICOUR.

C'est moi.

AGATHE.

J'irai tantôt acheter des sifflets.

CÉLICOUR.

Et sifflé pour autrui, voilà bien mes regrets.

AGATHE.

Et comment pour autrui?

CÉLICOUR.

Je ne fais que paraître, Je suis le prête-nom:

AGATHE.

Qui vous oblige à l'être?

D

LE CONNOISSEUR,

CELICOUR.

Vous, cruelle, pour qui je me sacrifierais.

AGATHE.

Vous êtes fou, je crois.

CELICOUR.

Et non ; je vous perdais,
Cette porte déjà me serait défendue ;
Et votre oncle est l'auteur de la piece reçue.

AGATHE *avec joie*.

Ah ! Celicour, croyez n'être pas malheureux,
Et vous devez au ciel adresser tous vos vœux.
Tout est d'accord ?

CELICOUR.

C'était le parti préférable.

AGATHE.

Tant mieux.

CELICOUR.

Mais cet ouvrage est ma foi détestable.

AGATHE.

Tant mieux encor.

CELICOUR.

Tant mieux ! Comment ? Il tombera.

AGATHE.

Tant mieux.

CELICOUR.

Et ce malheur me deshonorera.

COMÉDIE.

AGATHE.

Tant mieux—mon oncle vient; de notre intelligence
Je ne veux pas qu'il ait la moindre connoissance.
(*Elle sort du jardin.*)

SCENE HUITIEME.

M. DE FINTAC, CELICOUR,
M. DE L'EXERGUE & TOUS LES SAVANS.

M. DE FINTAC,

(*En prenant Celicour par la main, qui a l'air fort confus.*)

Messieurs, je vous présente un auteur apprentif,
il connaît peu la fronde, & son pas est craintif;
Vous jugeâtes sa piece, avant de le connaître,
Sublime, intéressante & digne de paraître;
Et vous osâtes même assurer son succès.
Votre honneur vous engage ici plus que jamais;
Vous devez d'un confrere enhardir la jeunesse;
Pour moi, de tous les tems vous savez ma faiblesse,
J'ai le cœur paternel pour les talens naissans,
Et je sens autant qu'eux ces terribles instans.

M. PINCÉ

On admire ce dont la nature est avare;
Or, parmi les auteurs la modestie est rare:
Donc, ici chez Monsieur nous devons l'encenser:
Mais on ne doit aussi jamais trop s'abaisser;

Et lorfqu'une louange eft par nous entendue,
Notre amour propre doit favoir quand elle eft dûe.

M. DE L'EXERGUE à *Celicour.*

Votre ouvrage, Monfieur, eft un des beaux morceaux,
Et l'antiquité même en montre peu d'égaux;
D'Ariftophane on peut voir la délicateffe,
L'élégance de Plaute avec fa hardieffe,
Et de Terence enfin le comique amufant.

M. DESFATRAS.

Et Moliere, je crois, n'en fit jamais autant.

M. LUCIDE.

Nous ferons, en un mot, témoins de votre gloire,
Mais fans contribuer au gain de la victoire.

M. DE FINTAC.

Il faut aller dîner; allons, Meffieurs, rentrons.
(*à Celicour.*)
A notre aife tantôt nous vous admirerons :
Il eft un vieux proverbe; on a moins de courage,
Alors qu'on eft à jeun, à fe mettre à l'ouvrage :
Peintres, Muficiens, Fabricateurs de vers,
Après un bon repas, ont les fens plus ouverts.

Fin du fecond Acte.

ACTE TROISIEME.
SCENE PREMIERE.
AGATHE, ROSIE.

ROSIE.

MA surprise, Madame, est ma foi sans seconde ;
Rien ne doit cependant étonner dans ce monde.
Mais qui l'eût jamais cru, que dans le même jour,
Celicour eût servi les Muses & l'amour ?

AGATHE.

Si ton étonnement en ce jour est extrême,
Peut-être que le sien est à peu près de même.

ROSIE.

S'il réussit à tout comme au métier d'auteur,
Je croirai dans Paris son début peu flatteur.

AGATHE.

Au port de la science on fait souvent naufrage.
Tant de savoir encor est bien rare à son âge.
Après tout, son esprit m'a beaucoup moins flatté
Que son air de candeur & de naïveté :
Ses lettres triomphaient de mon indifférence,
Mais qu'il gagne, Rosie, encor par sa présence.

ROSIE.

Donc il avait besoin de venir à Paris,
Ce charmant Celicour; & votre cœur est pris ;

AGATHE.

Je ne m'en défens pas ; si jamais l'hymenée
Pouvait unir nos cœurs & notre destinée,
Les jours les plus sereins que mon cœur passerait,
Seraient ceux qu'avec lui le ciel m'accorderait.

ROSIE.

Parlez plus bas, voici notre vieux antiquaire,
Personnage ennuyeux ! que diantre vient-il faire ?

SCENE SECONDE.
ROSIE, AGATHE, M. DE L'EXERGUE.

M. DE L'EXERGUE.

Pourrais-je vous parler un moment sans témoins ?
Je voudrais avec vous arranger certains points...

(*Rosie sort.*)

Madame, au tems jadis il était en usage,
Quand on voulait former les nœuds du mariage,
D'avoir auparavant l'agrément des parens ;
En tous points j'ai suivi leurs sages réglemens ;
Et votre oncle permet qu'un prochain hymenée
M'unisse pour jamais à votre destinée :
A ses commandemens, votre docilité
M'est garante en ce jour de votre volonté.

AGATHE.

Il est vrai, de profil vous me faites la grace
De vouloir bien m'aimer ; mais moi, je veux en face

Epouser mon mari : je dis donc franchement
Que nous sommes fort loin d'un tel engagement.
Vous avez de mon oncle obtenu le suffrage,
On ne peut sans le mien faire ce mariage :
Et vous pouvez compter ne l'obtenir jamais.
Messieurs les anciens n'auront que mes respects;
Car dans ce siecle-ci, c'est tout un autre usage.

M. DE L'EXERGUE.

Par là les anciens ont sur nous l'avantage,
On voit leurs sentimens en nous trop effacés,
Et l'on ne pense plus comme aux siecles passés.
Mais vous, rare beauté, par un don sympathique,
Qui savez allier le moderne à l'antique ;
Vous, dans qui nous voyons mille fois plus d'attraits
Que la tendre Venus n'en posséda jamais ...

AGATHE.

Pour terminer, Monsieur, d'inutiles répliques,
Je vous souhaite, au moins, mille Venus antiques ;
Moi, qui n'en suis point une, & qui rejette un nom
Qu'on me refuserait avec toute raison,
Je ne serai jamais votre compagne illustre;
Peut-être à mon destin est-ce ôter quelque lustre :
Mais enfin j'y renonce, & vous m'obligerez,
Si mes vœux sont, Monsieur, de mon oncle ignorés;
Il est entre vos mains de m'attirer sa haine;
Mais vous pouvez aussi m'épargner cette peine.

D iv

Me charger du refus, ce ferait m'affliger,
En le prenant sur vous, ce sera m'obliger;
Quand on n'est point aimé, l'on ne saurait mieux
 faire,
Que d'éviter, au moins le malheur de déplaire;
Méritez mon estime, & sans perdre le tems
Que vous avez promis aux applaudissemens,
Allez où l'on vous veut; c'est à la comédie;
Songez qu'un peu plus tard elle serait finie.

(*M. de l'Exergue mécontent, réfléchit un moment,
salue & s'en va.*)

SCENE TROISIEME.

AGATHE *seule*.

Notre antiquaire sort d'assez mauvaise humeur;
Enfin m'en voilà quitte, & c'est trop de bonheur.
Le pauvre Celicour est plus dans la détresse,
Et peut-être en est-il au fort de sa tristesse:
Dans le fond de sa loge il me semble le voir.
Anéanti, confus, & n'osant se mouvoir,
Croyant à chaque instant, d'une ame peu tranquille
Entendre déborder les siffleurs de la ville.
Mon oncle est au parquet, défait, pâle & tremblant;
Il cherche à secourir son malheureux enfant,
Et fait de vains efforts que pas un n'encourage;
Enfin, grossit & fond le menaçant orage:

COMÉDIE.

C'est alors, succombant, accablé de douleur,
Qu'on le voit vers ses gens se traîner sans vigueur,
En se plaignant au ciel du caprice bizarre
Qui lui donna le jour dans ce siecle barbare.
Mais je l'entends, enfin le sort en est jeté.

SCENE QUATRIEME.

AGATHE, M. DE FINTAC.

AGATHE.

Et notre auteur, mon oncle, où donc est-il resté?
Hé bien! est-il content? sa piece est-elle admise?

M. DE FINTAC.

Faudrait-il, pour vous plaire, en faire l'analyse?
Taisez-vous, s'il vous plaît—je voudrais bien savoir
D'où vous vient à votre âge ici quelque vouloir?
Vous voulez aujourd'hui contrecarrer mes vues,
Et me faire manquer des choses résolues?
De Monsieur de l'Exergue on vous offre la main,
Et vous la refusez?

AGATHE.

Mais, mon cher oncle, enfin,
Voyez—je ne suis pas, je crois, une Médaille.

M. DE FINTAC.

Vous souvenez-vous bien que j'aime peu qu'on
raille?

LE CONNOISSEUR,

Médaille ou médaillon, allez arrangez vous ;
Mais jamais, de mes jours, vous n'aurez d'autre époux.
Pour quelque damoiseau, dans le fond de votre ame,
Vous nourrissez peut-être une secrette flamme ?
Si je savais —mais non, je lui fais trop d'honneur,
C'est un être imparfait qui ne sent point son cœur.
Ah ! si tu crois un jour avoir mon héritage,
Tu te trompes, ma foi ; je suis encor trop sage,
Et je saurai placer beaucoup mieux mes bontés.
(*Il rentre dans son cabinet.*)

SCENE CINQUIEME

AGATHE, CLEMENT.

CLEMENT *tout essoufflé.*

Ah ! Madame, sachez quelles calamités...

AGATE.

Où donc est votre maître ?

CLEMENT.

Au détour d'une rue,
Je viens en ce moment de le perdre de vue.

AGATHE.

Et vous le laissez seul & dans l'obscurité ?

CLEMENT.

Les lanternes encor donnent trop de clarté,

COMÉDIE.

Madame, & tous les deux, en cheminant bien vîte,
Voulions *incognito* regagner notre gîte.

AGATHE.

La piece est donc tombée?

CLEMENT.

Oh! plat comme un pavé.

AGATHE.

Mon oncle l'annonçait quand il est arrivé.

CLEMENT.

Votre oncle, à mon avis, est d'une humeur volage;
Il a traité mon maître en Docteur de village;
Le laisser revenir suant, mal arrangé,
Et, Dieu merci, de honte honnêtement chargé.
Les amis, selon moi, sont pietre marchandise;
Et ces Messieurs tantôt, avec tant de franchise,
Qui semblaient l'embrasser, ont été tout exprès
Pour crier les premiers, ah! ah! que c'est mauvais.

AGATHE.

Vous les avez donc vu?

CLEMENT.

J'étais dans le parterre:
C'est de là que Clement, dans sa douleur amere,
Au premier acte a vu la piece s'ébranler,
Incliner au second, au troisieme écrouler.

AGATHE.

On a donc fait cabale ?

CLEMENT.

Oui, de par tous les diables,
Et de pareils éclats, ma foi, font incroyables.

AGATHE.

Et l'auteur ?

CLEMENT.

C'est bien là ce qui l'embarrassait ;
Il fallait réfléchir comme il s'échaperait :
Tant de gens assemblés pouvaient le reconnaître,
Et le montrer au doigt en le voyant paraître :
Cependant il a cru ce malheur évité,
Quand il a vu la sale & vide & sans clarté ;
Il a pris à la fin, le parti de descendre :
Il semblait qu'un chacun eût dessein de l'attendre ;
Tout était encor plein, foyers & corridors ;
Il s'est fait remarquer à ses tristes dehors ;
Car d'un auteur contrit il avait l'encolure :
Nous avons entendu s'élever un murmure ;
Chacun disait ; *c'est lui, le voilà bien, c'est lui,*
Le malheureux ! tant pis ; il en a de l'ennui ;
Il pourra faire mieux ; cette carriere est dure.
Et puis nous avons vu dans certaine encoignure
Plusieurs auteurs sifflés, d'un ironique ton,
Se réjouir d'avoir un nouveau compagnon.

Puis tous nos bons amis voyant notre défaite,
Nous ont tourné le dos, faisant la pirouette.
Mais je le vois venir, il sera mieux au fait,
Et peut, d'après nature, esquisser ce portrait.
(Il sort.)

SCENE SIXIEME.

AGATHE, CELICOUR.

Celicour, en entrant, se jette dans un fauteuil.

CELICOUR.

Je vous avais prédit ma trop juste défaite;
Elle est tombée enfin, & sa chûte est complette.

AGATHE.

Tant mieux.

CELICOUR *se levant*.

Hé quoi! tant mieux; pour vous trop adorer,
Votre amant malheureux veut se deshonorer,
Il se rend de Paris la fable & la risée :
Ah! mon ame à vos yeux est assez exposée.
Non, ce n'est plus ici le tems d'être plaisant,
Je suis avec fureur votre idolâtre amant;
Mais dans ces durs momens, dans cet état extrême,
Je pourrais renoncer à la vie, à vous-même :
Un instant j'ai failli tout dire & tout oser;
Au mépris du public c'est peu de m'exposer;

A ses brocards méchans votre oncle m'abandonne:
Je le connais, Madame, & bien plus que personne;
Il sera le premier à rougir de me voir,
Et tout ce que j'ai fait, m'interdira l'espoir
De vous avoir jamais. Il doit pourtant s'attendre
A former un lien où j'ai droit de prétendre,
Ou de sa comédie à s'avouer l'auteur;
Ce qu'il décidera sera mon conducteur,
Et me fera garder ou rompre le silence.
Le ciel est mon garant, il sait comme je pense;
Si tout Paris eût vu son triomphe aujourd'hui,
La gloire toute entiere en eût été pour lui:
Mais sa piece est tombée, & moi j'en ai le blâme;
C'est un effort d'amour; & vous seule, Madame,
Pouvez récompenser mon cœur trop complaisant.

AGATHE.

Je sais que pour un autre il n'est pas régalant
De s'entendre siffler,

CELICOUR.

Au point que pour mon pere,
Je n'eusse point entré dans un pareil mystere.

AGATHE.

Avec quelle risée & sur quel ton railleur,
D'une piece tombée on aborde l'auteur!

CELICOUR.

Le mépris est injuste, & l'auteur s'en console;
Mais la fière pitié, c'est là ce qui désole.

AGATHE.

Vous étiez bien confus, honteux en descendant :
Mais avez-vous rendu le salut en passant ?

CELICOUR.

Que n'ai-je été cent fois englouti dans la terre !

AGATHE.

Pauvre garçon ! comment allez-vous oser faire,
Pour reparaître ainsi tout couvert de cyprès ?

CELICOUR.

Vous avez beau railler : mais je ne reparais
Qu'avec le nom chéri de votre époux, Madame,
Ou qu'après de ma chûte avoir jeté le blame
Sur Monsieur de Fintac.

AGATHE.

    Vous voulez donc très-fort,
Le faire décider aujourd'hui de son sort ?

CELICOUR.

Dès aujourd'hui, parbleu ; la chose est sérieuse,
Et ce soir, au plus tard, ne sera plus douteuse.

AGATHE.

Et vous ai-je donc dit que je voulais de vous ?

CELICOUR.

Il ne me faudrait plus que de semblables coups.
Oh ! ne badinez pas, j'irais, je crois, me pendre.

AGATHE.

Hélas ! trop vainement je voudrais m'en défendre,

L'honneur de mon cher oncle au mien est attaché.

CELICOUR.

Je respire!

AGATHE.

Tenez son secret bien caché;
Votre jeunesse au moins, vous rend plus excusable :
Mais si l'Exergue enfin, ce rival redoutable ?..

CELICOUR.

Si je suis refusé, si je n'ai votre main,
Je fais dans les journaux annoncer dès demain,
Que votre oncle est l'auteur de cette comédie.

AGATHE.

Et voilà dès long-tems quelle était mon envie,
Et voilà quel était l'objet de mes *tant mieux*.
Voici mon oncle, ferme, & nous ferons heureux.
(*Elle sort.*)

SCENE SEPTIEME.

M. DE FINTAC, CELICOUR.

CELICOUR.

Hé bien! Monsieur; enfin que voulez-vous en dire?

M. DE FINTAC.

Je dirai, mon ami, qu'on ne vit rien de pire.

COMÉDIE.

Que le public enfin est un monstre aujourd'hui,
Et qu'il faut renoncer à travailler pour lui;
Mais dans l'esprit de ceux dont le goût est valable,
Votre piece vous fait un honneur véritable.

CELICOUR.

Qu'appelez-vous ma piece? Elle est très-fort à vous.

M. DE FINTAC.

Parlez plus doux, pour Dieu, mon fils, parlez plus
doux.

CELICOUR.

De vous faire, Monsieur, il vous est bien facile,
Votre nom ne court point les caffés de la ville;
Du déshonneur public vous vous êtes sauvé,
Et c'était à moi seul qu'il était reservé.

M. DE FINTAC.

Ah! ne croyez jamais qu'une pareille chute
Fasse tort à quelqu'un dans le tems qu'il débute,
Tous les gens éclairés & de sain jugement,
Ont vu que cet ouvrage annonçait le talent.

CELICOUR.

Je ne me flatte point, cette piece est mauvaise,
Et le droit m'est acquis d'en parler à mon aise;
Tout le monde, Monsieur, est de ce même avis;
Si l'honneur du succès en eût été le prix,
Vous eussiez seul joui du fruit de la victoire,
Et c'est à l'annoncer que j'aurais mis gloire:

E

Enfin si d'un revers ce n'était que moitié,
Je pourrais m'en charger par effort d'amitié :
Mais, Monsieur, une chûte aussi désespérante
Enerve mon courage & ma force naissante ;
Reprenez votre bien, je vous prie instamment.

M. DE FINTAC.

Comment ! moi ! mon enfant, y pensez-vous vraiment ?
Moi, qu'on voit en ce jour sur le déclin de l'âge,
M'exposer à la honte, au cruel persifflage ?
Perdre dans un moment l'estime des savans,
Voir éclipser enfin, les fruits de quarante ans,
Qui font seuls aujourd'hui l'espoir de ma vieillesse ;
Pour l'exiger, votre ame est-elle assez traîtresse ?

CELICOUR.

Mais vous, pourquoi vouloir m'immoler au malheur,
De vous avoir trop tôt obligé de bon cœur ?
Vous avez vu pourtant toute ma répugnance.

M. DE FINTAC.

Je sais que je dois tout à votre complaisance ;
Mais, mon cher Celicour, un succès supérieur
Peut faire en un instant oublier ce malheur ;
Vous êtes jeune encor, à peine on vous voit naître,
Et vous avez le tems de vous faire connaître.

COMÉDIE.

Gardez donc ce secret, au nom de l'amitié,
Faites vous cet effort par égard, par pitié.

CELICOUR.

Je ne trahirai point, Monsieur, votre espérance :
Mais d'un premier début je sens trop l'importance,
Pour vouloir m'exposer au préjugé fatal,
Après que je me suis fait connaître aussi mal.
Je renonce au théâtre, & pour toute la vie,
Aux lettres, aux talens, même à la poësie.

M. DE FINTAC.

Oui, c'est fort bien agir, & vous avez raison,
Il est d'autres objets faits pour l'ambition
D'un homme tel que vous.

CELICOUR.

     De vous seul va dépendre
Le bonheur de mes jours.

M. DE FINTAC.

     Vous y pouvez prétendre.
Qu'exigez-vous ? parlez ; tout vous est mérité.

CELICOUR.

La main de votre niece est ce bien souhaité.

M. DE FINTAC.

Quoi ! la main d'Agathe ?

CELICOUR.

     Oui, c'est elle que j'adore,
C'est pour elle aujourd'hui que je me deshonore ;

E ij

Et sans elle jamais je n'aurais accepté.

M. DE FINTAC.

Mais elle ignore encor l'exacte vérité?

CELICOUR.

Non, Monsieur.

M. DE FINTAC.

Ah! sa langue aura déjà peut-être...
Hola! quelqu'un, hola! Mais je la vois paraître..
Celicour, que je crains...

CELICOUR.

Vous pouvez vous calmer,
Agathe est moins enfant qu'on le doit présumer.

M. DE FINTAC.

Ah Dieu, comme je tremble.

SCENE HUITIEME.

M. DE FINTAC, AGATHE, CELICOUR.

M. DE FINTAC *court à Agathe.*

Ah! ma très-chere niece,
Tu sais ce qui se passe, & tu sais que la piece...

AGATHE.

Oui, mon cher oncle.

COMÉDIE.

M. DE FINTAC.

Ciel ! n'as-tu point revélé
Ce malheureux secret ?

AGATHE.

Il est encor voilé
Pour l'univers entier.

M. DE FINTAC.

Est-ce chose bien sûre ?

AGATHE.

Vous pouvez y compter, mon oncle, je vous jure.

M. DE FINTAC.

Hé bien donc, mes enfans, qu'il meure avec nous
  trois ;
Je vous demande encor cette grace une fois.
Agathe, Celicour vous voit avec tendresse,
Ce qu'il a fait pour moi vivement m'intéresse,
A garder mon secret il veut bien se forcer,
Je luis dois votre main pour l'en récompenser.

CELICOUR *saisissant la main d'Agathe.*

Ah ! je suis trop payé.

AGATHE.

Je suis donc obligée
A me mettre de part dans la piece affigée ?
Si je me refusais à cet auteur sifflé,
Sans doute il en mourrait — qu'il soit donc consolé.

On lui refusera certain esprit peut-être ;
Mais tant d'honnêtes gens en font si peu paraître.
Mon oncle, Celicour ne veut plus être auteur ;
Si vous vouliez aussi n'être plus Connoisseur,
Votre maison, je crois, serait bien plus tranquille,
En chassant des pédans la cohorte reptile.

SCENE NEUVIEME ET DERNIERE.

M. DE FINTAC, CELICOUR, AGATHE, CLEMENT.

CLEMENT à Celicour.

Monsieur, vos bons amis, ces illustres savans,
Pour vous complimenter, vous demandent céans.

M. DE FINTAC à Clement.

Ont-ils bien applaudi ?

CLEMENT.

C'était une merveille ;
Et sifflets n'ont rendu jamais à mon oreille
Aucun bruit plus perçant.

M. DE FINTAC.

Comment, eux ? les méchans !
Ah ! je romps tout commerce avec gens à talens,
Et je condamne au feu mes livres de science.

AGATHE.

De vos livres ici je prendrai la défense,

COMÉDIE.

Vous pouvez les garder; mais pour les beaux esprits,
Ne veuillez seulement qu'en faire vos amis,
Et vous en trouverez de vraiment estimables.

M. DE FINTAC.

Pour ceux-ci, je les vois tout à fait méprisables :
 (*A Clement.*)
Allez les avertir que pour eux désormais,
Ma maison sera close, & close pour jamais..
Je le vois, on commet des fautes à tout âge ;
C'est en se corrigeant, qu'on reconnaît le sage.

FIN.

FAUTES A CORRIGER.

Page 9, vers 2, il y a trois points à la fin, *il n'en faut* qu'un.
P. 17, vers 1, il y a deux points à la fin, *il en faut* trois.
P. 18, vers 28, il y a deux points à la fin, *il n'en faut qu'un.*
P. 19, vers 22, an fait, *lisez* au fait.
P. 21, vers 20, la, *lisez* le.
P. 28, vers 9, c'est vrai, mais que, &c. *mettez* mais aussi que, &c.
P. 32, vers 4, à la fin *il y a un* ; de trop.
P. 39, vers 5, il y a une ligne de transition à la fin, *il faut* trois points.
P. 45, vers 1, il y a deux points à la fin, *il n'en faut qu'un.*

NOTA.

Les deux points tiennent lieu de l'*alinea*, & marquent un sens entrecoupé ou interrompu.
Trois points marquent un sens suspendu.
La marque —— désigne une transition.

COMTE.

Vous avez beau dire, ma mie, cela ne fera pas
plus d'effet aujourd'hui : allez-vous-en.
Eh bien ! nous verrons.... (Elle sort effectée.)

ALEXANDRA.

Père-ce-ci, je le vois tout à fait mal. Malheureuse !

Allons avouer que ... mais elle m'aimera.
Mademoiselle Cécile... on doit pour jamais....
Il faut, en courant les faires à table....
C'est en la corrigeant, qu'on parviendra à l'y gu.

FIN.

NOTES D'CORINGE.

Page 9, ligne 2, il y a moitier, il a a telle, liseza telle, il y aura.
P. 13, note 1, il y a deux, sans le B, lisez, il fautils.
P. 15, note 15, il y a elle, pleuré à la, lisez la, à la pleurée.
P. 19, note 2, on lit, l'y a, en fait.
P. 21, n° 9, 11, 15, l'Évêque.
P. 22, ligne 27, c'est vers 11 que.... de mettre, mais
cela que, &c.
P. 25, noms, il n'y a.... vous fait, croy.
P. 27, vers 3, il y a tous, liseza toit, et de la ligne 7,
de mais point.
P. 30, vers 2, il y a dans le académicien, à la quelqu'un
cent.

M S T E.

Le ... à ... circonstanciel ... l'élection, d'un piquans en
ledit, ou avec d'un la circonstances.
Fin d'un plus mar qu'on à d'un sa quepart.
La .... déligne de rechercher.

www.ingramcontent.com/pod-product-compliance
Lightning Source LLC
LaVergne TN
LVHW021005090426
835512LV00009B/2087